Impressum
Verlag: BABADADA GmbH, Nedderfeld 112 , 22529 Hamburg
Geschäftsführer / Verlagsleitung: Harald Hof
Druck: Books on Demand GmbH, In de Tarpen 42, 22848 Norderstedt

Imprint
Publisher: BABADADA GmbH, Nedderfeld 112 , 22529 Hamburg, Germany
Managing Director / Publishing direction: Harald Hof
Print: Books on Demand GmbH, In de Tarpen 42, 22848 Norderstedt

koulu

sekolah

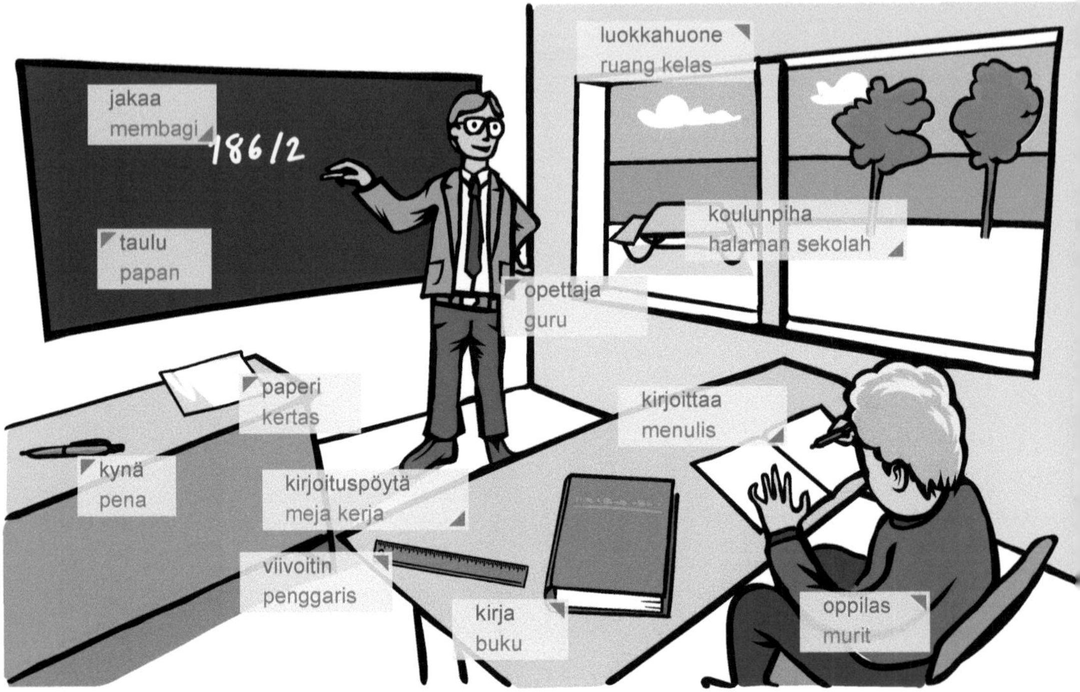

luokkahuone
ruang kelas
jakaa
membagi
186/2
taulu
papan
koulunpiha
halaman sekolah
opettaja
guru
paperi
kertas
kirjoittaa
menulis
kynä
pena
kirjoituspöytä
meja kerja
viivoitin
penggaris
kirja
buku
oppilas
murit

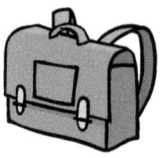

reppu

tas sekolah

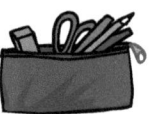

penaali

tempat pensil

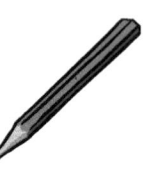

lyijykynä

pensil

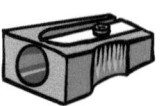

kynänteroitin

pengasah pensil

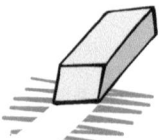

pyyhekumi

penghapus

piirustuslehtiö

kertas gambar

piirustus

gambar

pensseli

kuas

vesivärit

kotak cat

sakset

gunting

liima

lem

harjoituskirja

buku latihan

kotitehtävä

pekerjaan rumah

12

luku

angka

2+2

lisätä

tambhakan

5-2

vähentää

mengurangi

2×2

kertoa

mengalikan

laskea

menghitung

A

kirjain

huruf

ABCDEFG
HIJKLMN
OPQRSTU
VWXYZ

aakkoset

alfabet

hello

sana

kata

teksti

teks

lukea

membaca

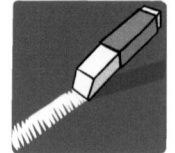

liitu

kapur

oppitunti

pelajaran

opettajan muistikirja

daftar

koe

ujian

todistus

sertifikat

koulupuku

seragam sekolah

koulutus

pendidikan

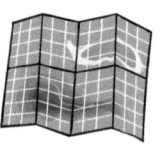

sanakirja

ensiklopedi

yliopisto

universitas

mikroskooppi

mikroskop

kartta

peta

roskakori

tempat sampah

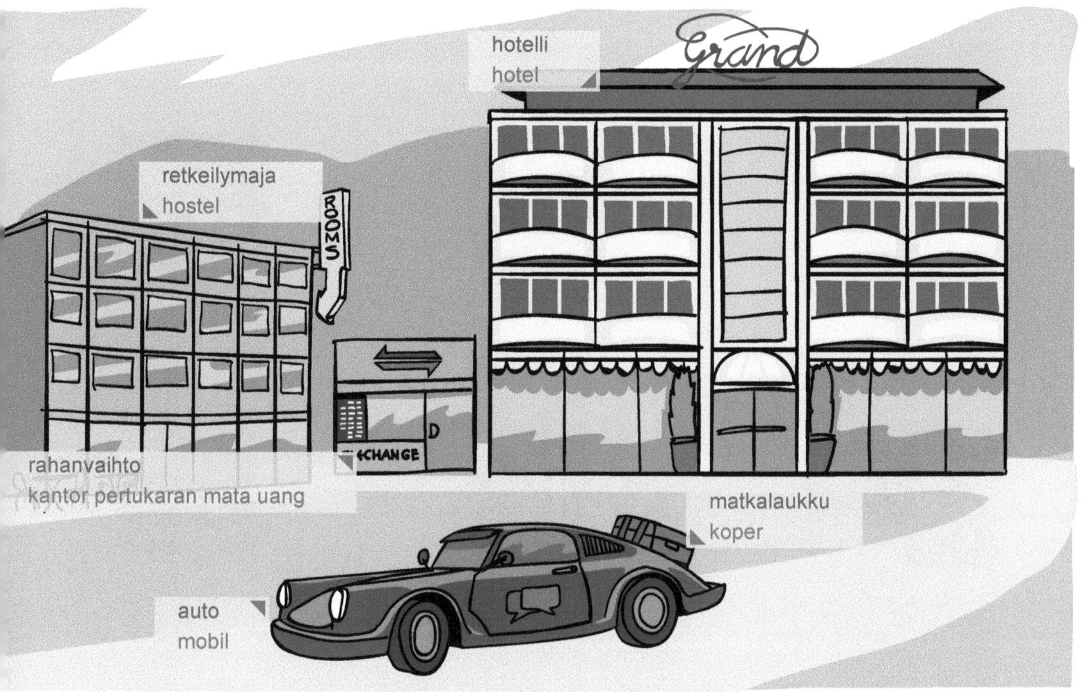

hotelli
hotel
Grand
retkeilymaja
hostel
ROOMS
rahanvaihto
kantor pertukaran mata uang
EXCHANGE
matkalaukku
koper
auto
mobil

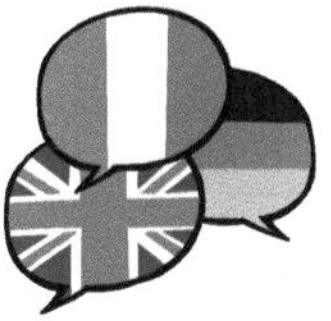

kieli

bahasa

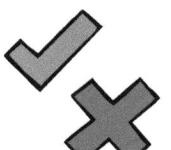

kyllä / ei

ya / tidak

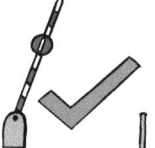

selvä

okay

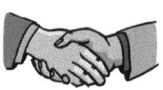

hei

hallo

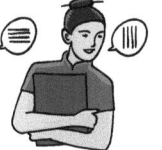

tulkki

penerjemah

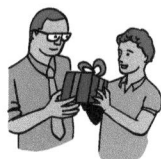

kiitos

terima kasih

Paljonko...maksaa?

Berapa harganya...?

en ymmärrä

saya tidak mengerti

ongelma

masalah

Hyvää iltaa!

Selamat malam!

Hyvää huomenta!

Selamat siang!

Hyvää yötä!

Selamat tidur!

näkemiin

sampai jumpa

suunta

arah

matkatavarat

bagasi

laukku

tas

reppu

ransel

vieras

tamu

huone

ruang

makuupussi

kantong tidur

teltta

tenda

turisti-info

informasi wisata

ranta

pantai

luottokortti

kartu kredit

aamupala

sarapan

lounas

makan siang

päivällinen

makan malam

matkalippu

tiket

hissi

elevator

postimerkki

perangko

raja

perbatasan

tulli

cukai

suurlähetystö

kedutaan

viisumi

visa

passi

paspor

kuljetus
transportasi

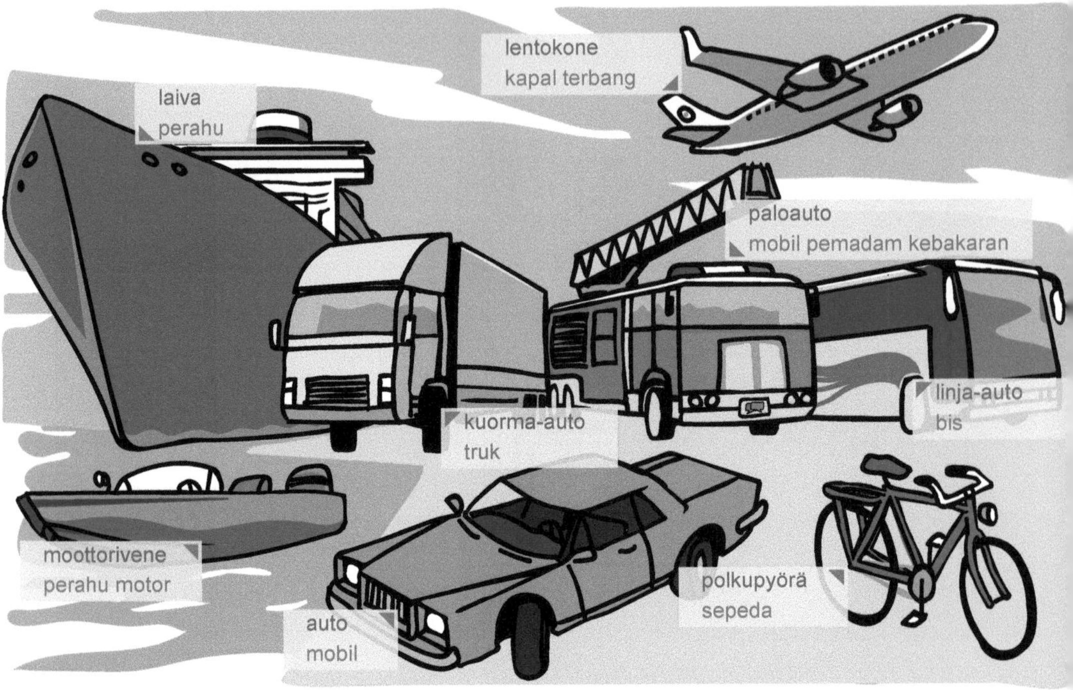

lentokone
kapal terbang
laiva
perahu
paloauto
mobil pemadam kebakaran
linja-auto
bis
kuorma-auto
truk
moottorivene
perahu motor
polkupyörä
sepeda
auto
mobil

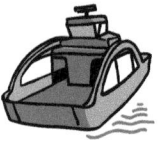

lautta
feri

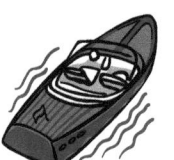

vene
perahu

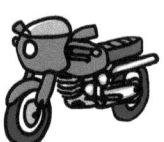

moottoripyörä
sepeda motor

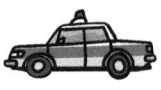

poliisiauto
mobil polisi

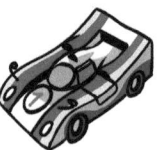

kilpa-auto
mobil balapan

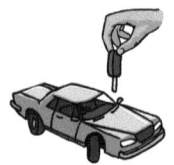

vuokra-auto
mobil sewa

car sharing

berbagi mobil

hinausauto

truk derek

roska-auto

truk sampah

moottori

motor

polttoaine

bahan bakar

huoltoasema

bensin

liikennemerkki

tanda lalulintas

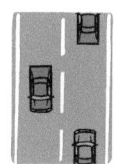

liikenne

lalulintas

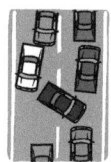

ruuhka

macet

parkkipaikka

parkir mobil

rautatieasema

stasiun kereta

raiteet

trek

juna

kereta api

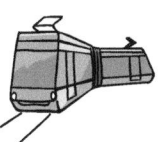

raitiovaunu

tram

vaunu

gerobak

helikopteri

helikopter

lentokenttä

bendara

lähilennonjohto

menara

matkustaja

penumpang

kontti

container

pahvilaatikko

karton

kärryt

troli

kori

keranjang

nousta / laskea

berangkat / mendarat

kaupunki

kota

kylä

desa

keskusta

pusat kota

talo

rumah

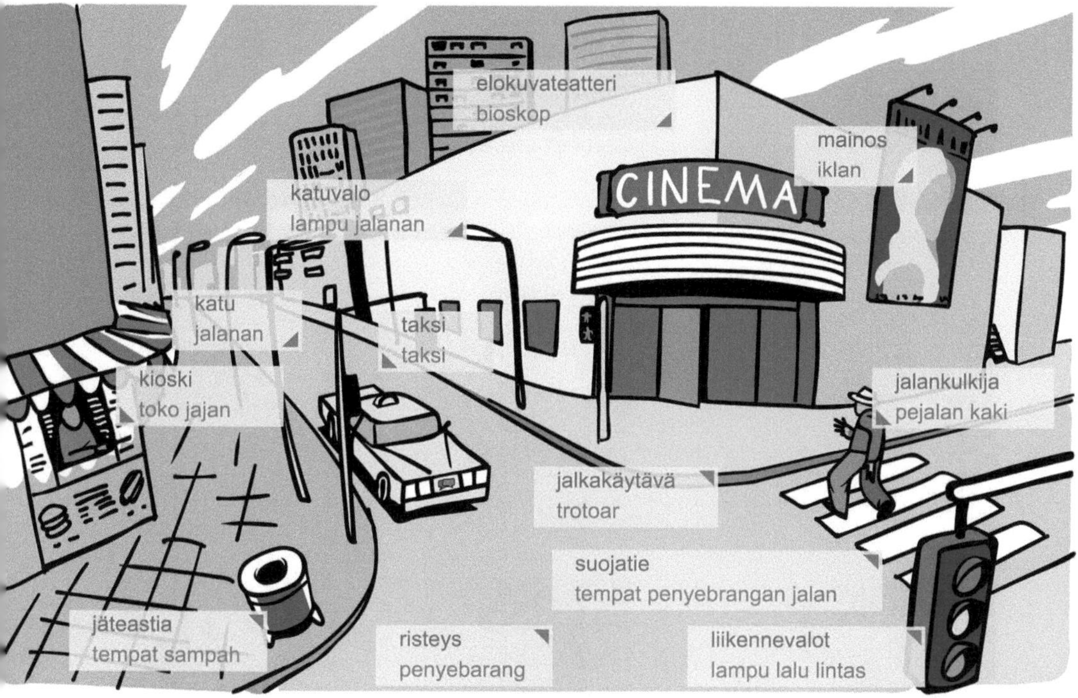

elokuvateatteri
bioskop

mainos
iklan

katuvalo
lampu jalanan

CINEMA

katu
jalanan

taksi
taksi

kioski
toko jajan

jalankulkija
pejalan kaki

jalkakäytävä
trotoar

suojatie
tempat penyebrangan jalan

jäteastia
tempat sampah

risteys
penyebarang

liikennevalot
lampu lalu lintas

mökki

gubuk

kerrostalo

rumah flat

rautatieasema

stasiun kereta

kaupungintalo

balai kota

museo

museum

koulu

sekolah

yliopisto
universitas

pankki
bank

sairaala
rumah sakit

hotelli
hotel

apteekki
farmasi

toimisto
kantor

kirjakauppa
toko buku

liike
toko

kukkakauppa
toko bunga

supermarketti
supermarket

tori
pasar

tavaratalo
toko serba ada

kalakauppias
nelayan

ostoskeskus
pusat belanja

satama
pelabuhan

kaupunki - kota

puisto

taman

penkki

banku

silta

jembatan

portaat

tangga

metro

kereta bawah tanah

tunneli

terowongan

linja-autopysäkki

pemberhantian bis

baari

bar

ravintola

restauran

postilaatikko

kotak surat

katukyltti

tanda jalan

parkkimittari

meteran parkir

eläintarha

kebun binatang

uimala

kolam renang

moskeija

mesjid

maatila
pertanian

ympäristön saastuminen
polusi

hautausmaa
kuburan

kirkko
gereja

leikkikenttä
tempat bermain

temppeli
pura

maisema
pemandangan

lehti
daun

tienviitta
penunjuk arah

tie
jalanan

niitty
padang rumput

kivi
batu

puu
pohon

retkeilijä
pejalak kaki

joki
sungai

ruoho
rumput

kukka
bunga

laakso

lembah

vuori

bukit

järvi

danau

metsä

hutan

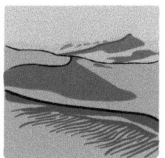

aavikko

padang gurun

tulivuori

gunung berapi

linna

istana

sateenkaari

pelangi

sieni

jamur

palmu

pohon palem

hyttynen

nyamuk

kärpänen

lalat

muurahainen

semut

mehiläinen

lebah

hämähäkki

laba-laba

kovakuoriainen

kumbang

sammakko

kodok

orava

tupai

siili

landak

jänis

kelinci

pöllö

burung hantu

lintu

burung

joutsen

angsa

villisika

babi jantan

peura

rusa

hirvi

rusa

pato

bendungan

tuulimylly

turbin angin

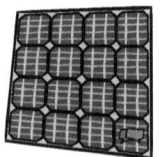

aurinkopaneeli

panel surya

ilmasto

iklim

ravintola
restauran

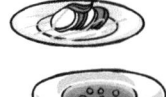

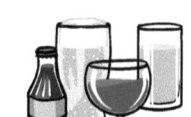

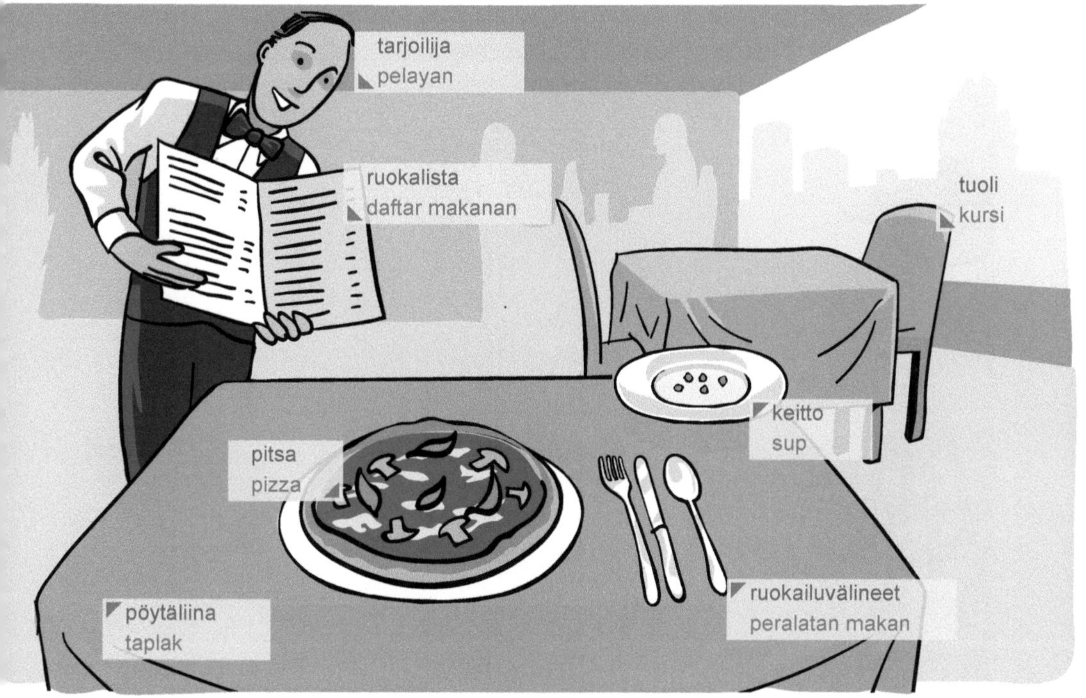
tarjoilija
pelayan
ruokalista
daftar makanan
tuoli
kursi
keitto
sup
pitsa
pizza
pöytäliina
taplak
ruokailuvälineet
peralatan makan

alkuruoka
hindangan pembuka

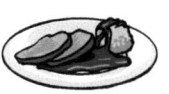

pääruoka
hidangan utama

jälkiruoka
hidangan penutup

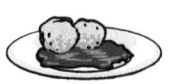

juomat
minuman

ruoka
makanan

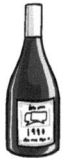

pullo
botol

pikaruoka

fastfood

katuruoka

masakan jalanan

teekannu

teko teh

sokeriastia

kaleng gula

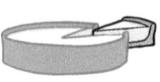

annos

porsi

espressokeitin

mesin espresso

syöttötuoli

kursi tinggi

lasku

tagihan

tarjotin

baki

veitsi

pisau

haarukka

garpu

lusikka

sendok

teelusikka

sendok teh

servietti

serbet

lasi

gelas

ravintola - restauran

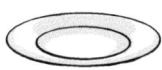

lautanen

piring

syvä lautanen

piring sup

aluslautanen

lepek

kastike

saus

suolasirotin

tempat garam

pippurimylly

gilingan merica

etikka

cuka

öljy

minyak

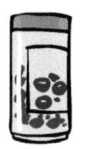

mausteet

bumbu

ketsuppi

saus tomat

sinappi

mustar

majoneesi

mayones

supermarketti

supermarket

tarjous
penawaran khusus
FOR
asiakas
klien
maitotuotteet
produk susu
hedelmät
buah
ostoskärryt
troli

BUTCHERS

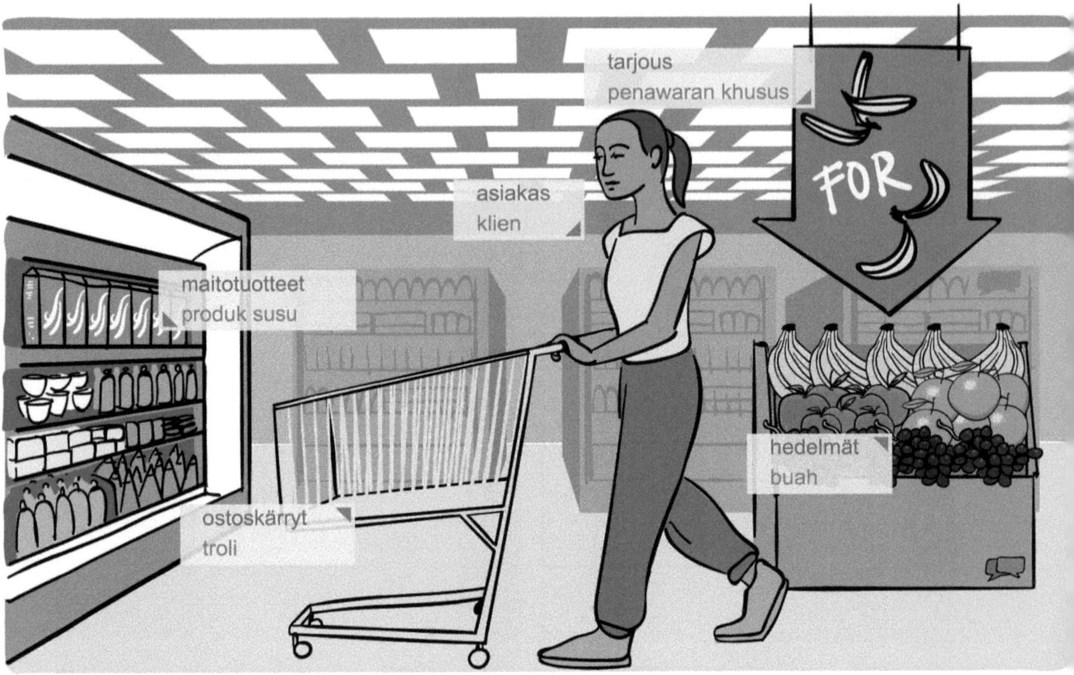

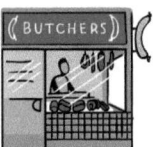

teurastamo

pembantai

BAKERY

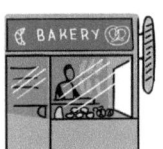

leipomo

toko roti

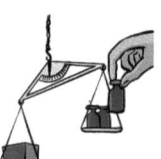

punnita

menimbang

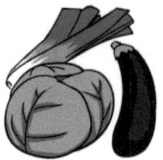

kasvikset

sayur

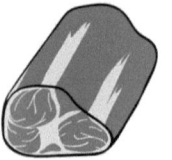

liha

daging

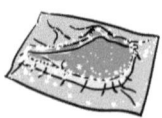

pakasteet

makanan beku

leikkele

pemotongan dingin

säilykkeet

makanan kaleng

pesujauhe

sabun serbuk

makeiset

permen

kotitaloustarvikkeet

alat-alat rumah tangga

puhdistusaineet

obat pembersihan

myyjä

penjual

kassa

kasa

kassanhoitaja

kasir

ostoslista

daftar belanja

aukioloajat

jam buka

lompakko

dompet

luottokortti

kartu kredit

kassi

tas

muovipussi

kantong plastik

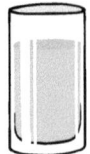

vesi

air

mehu

jus

maito

susu

kokis

cola

viini

anggur

olut

bir

alkoholi

alkohol

kaakao

coklat

tee

teh

kahvi

kopi

espresso

espresso

cappuccino

cappucino

banaani

pisang

omena

apel

appelsiini

jeruk

meloni

semangka

sitruuna

jeruk lemon

porkkana

wortel

valkosipuli

bawang putih

bambu

bambu

sipuli

bawang bombai

sieni

jamur

pähkinät

kacang

spagetti

mi

spagetti

spagetti

riisi

nasi

salaatti

salat

ranskalaiset

kentang goreng

paistetut perunat

kentang goreng

pitsa

pizza

hampurilainen

hamburger

voileipä

sandwich

leike

sayatan

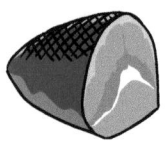

kinkku

ham

salami

salami

makkara

sosis

kana

ayam

paisti

menggoreng

kala

ikan

kaurahiutaleet
bubur gandum

mysli
sereal

murot
cornflakes

jauho
tepung

voisarvi
croissant

sämpylä
roti

leipä
roti

paahtoleipä
toast

keksit
biskuit

voi
mentega

rahka
dadih

kakku
kue

kananmuna
telur

paistettu kananmuna
telur goreng

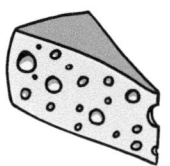

juusto
keju

ruoka - makanan

jäätelö

eskrim

sokeri

gula

hunaja

madu

hillo

selai

suklaapähkinälevite

krim nugat

curry

kare

maatila
pertanian

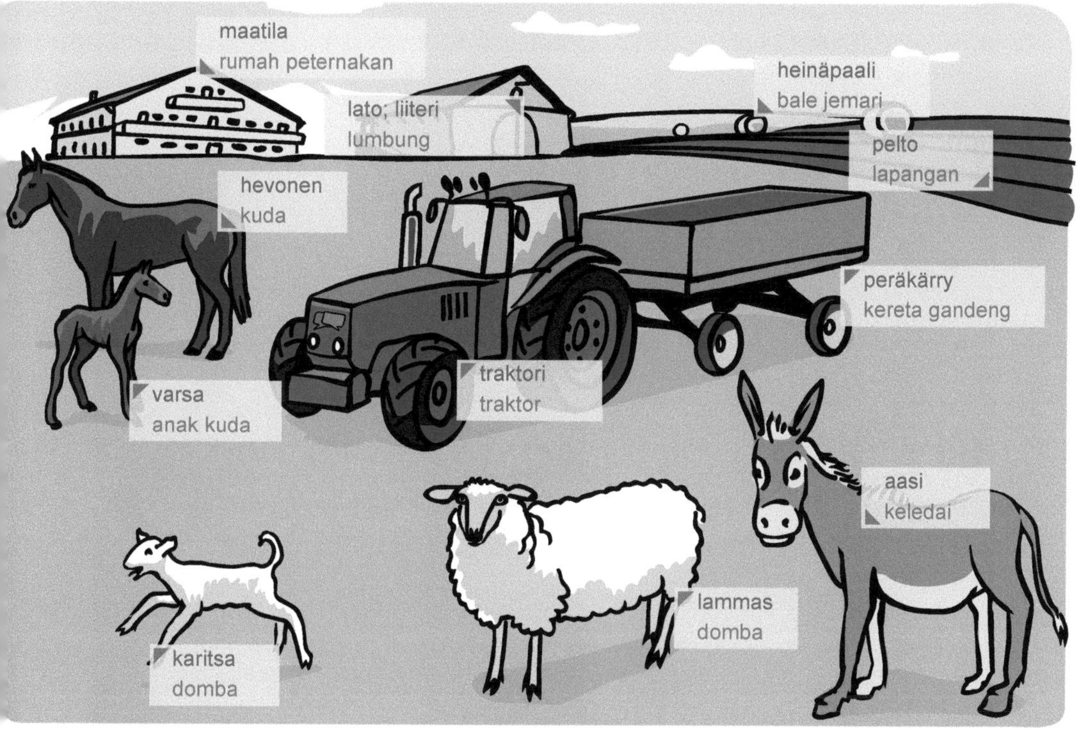

maatila
rumah peternakan
lato; liiteri
lumbung
heinäpaali
bale jemari
pelto
lapangan
hevonen
kuda
peräkärry
kereta gandeng
traktori
traktor
varsa
anak kuda
aasi
keledai
lammas
domba
karitsa
domba

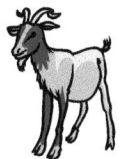

vuohi

kambing

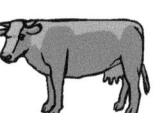

lehmä

sapi

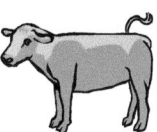

vasikka

betis

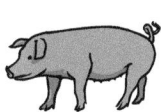

sika

babi

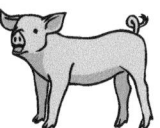

porsas

celeng

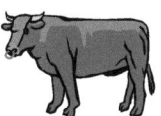

sonni

banteng

hanhi

angsa

ankka

bebek

tipu

anak ayam

kana

ayam

kukko

ayam jantan

rotta

tikus

kissa

kucing

hiiri

tikus

härkä

lembu

koira

anjing

koirankoppi

rumah anjing

puutarhaletku

selang

kastelukannu

penyiram

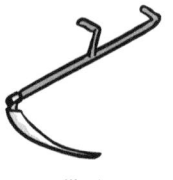

viikate

sabit

aura

bajak

sirppi

sabit

kuokka

cangkul

talikko

garpu rumput

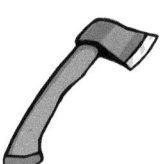

kirves

kapak

kottikärryt

gerobak

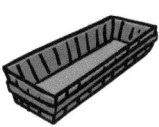

kaukalo

palung

maitokannu

kaleng susu

säkki

karung

aita

pagar

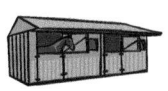

talli

kandang

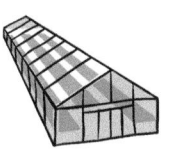

kasvihuone

rumah kaca

maa

tanah

siemen

benih

lannoite

pupuk

leikkuupuimuri

mesin pemanen

kerätä sato

panen

sato

panen

jamssit

yams

vehnä

gandum

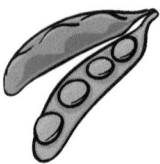

soija

kedelai

peruna

kentang

maissi

jagung

rypsi

lobak

hedelmäpuu

pohon buah

maniokki

singkong

vilja

sereal

talo
rumah

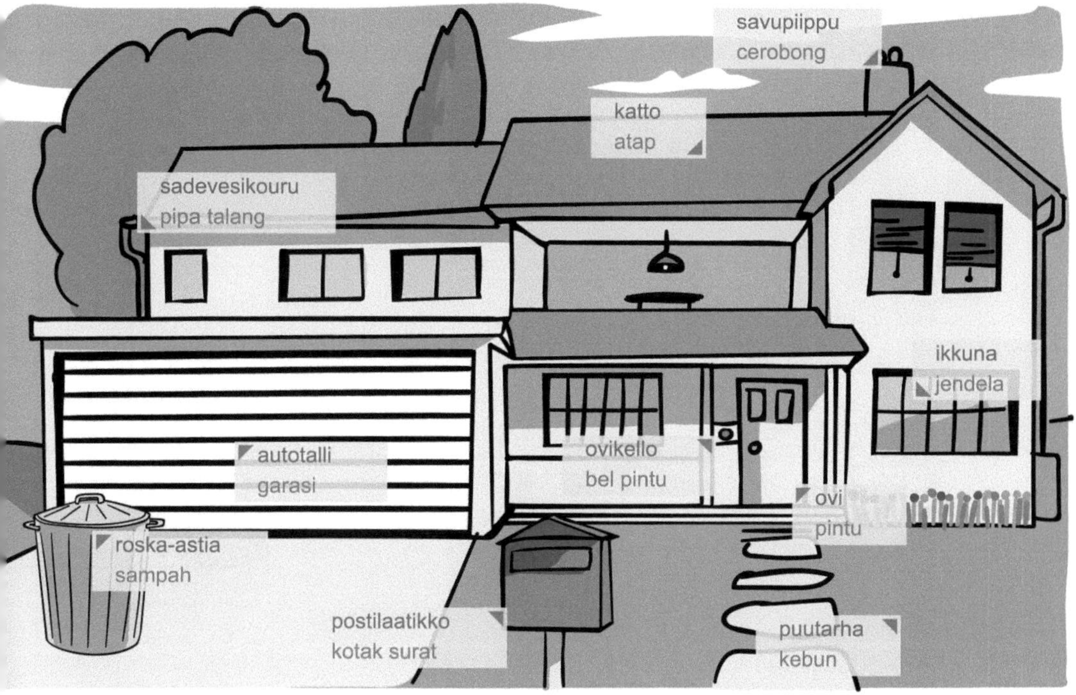

savupiippu
cerobong
katto
atap
sadevesikouru
pipa talang
ikkuna
jendela
autotalli
garasi
ovikello
bel pintu
ovi
pintu
roska-astia
sampah
postilaatikko
kotak surat
puutarha
kebun

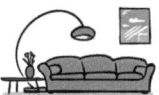

olohuone

ruang tamu

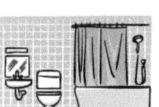

kylpyhuone

kamar mandi

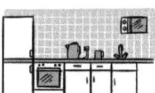

keittiö

dapur

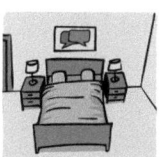

makuuhuone

kamar tidur

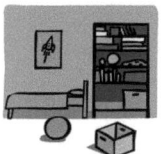

lastenhuone

kamar anak

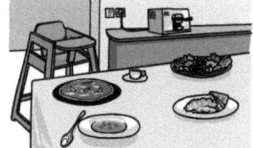

ruokahuone

kamar makan

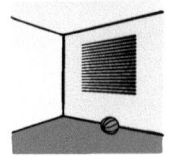

lattia

lantai

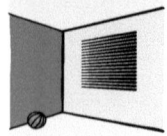

seinä

tembok

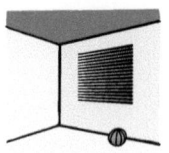

katto

atap

kellari

gudang di bawah tanah

sauna

sauna

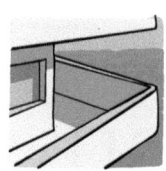

parveke

balkon

terassi

teras

uima-allas

kolam renang

ruohonleikkuri

mesin pemotong rumput

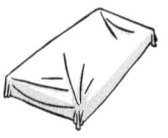

lakana

sprei

päiväpeitto

selimut

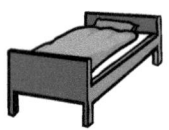

sänky

tempat tidur

harja

sapu

ämpäri

ember

katkaisin

tombol

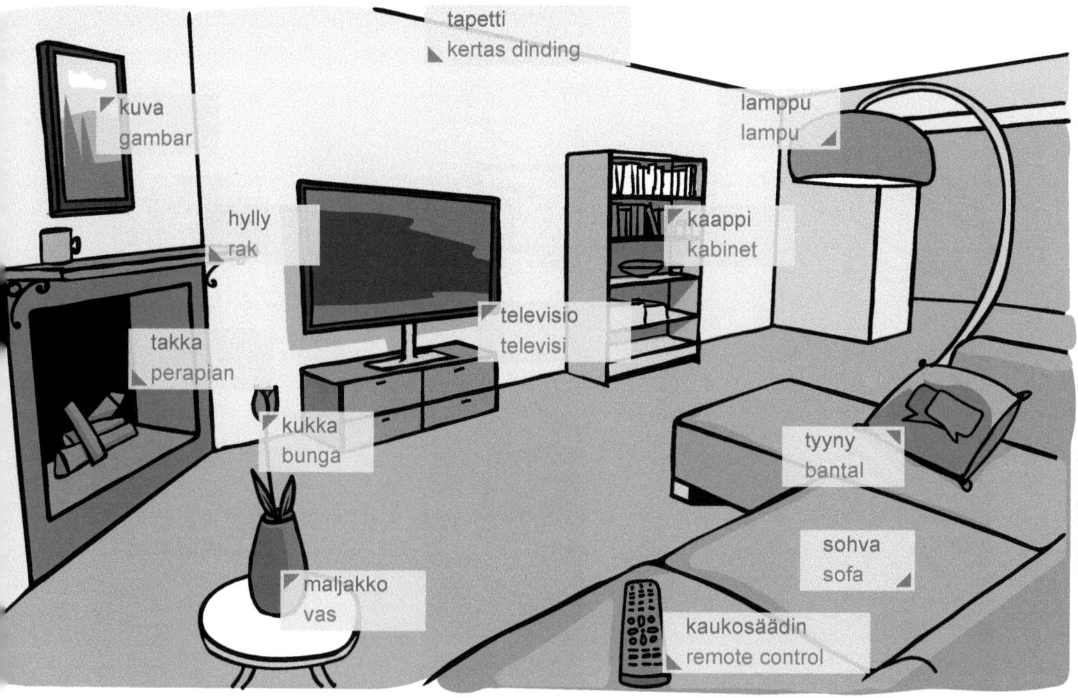

tapetti
kertas dinding

kuva
gambar

lamppu
lampu

hylly
rak

kaappi
kabinet

takka
perapian

televisio
televisi

kukka
bunga

tyyny
bantal

sohva
sofa

maljakko
vas

kaukosäädin
remote control

matto
karpet

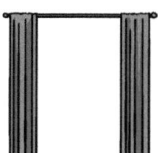

verho
korden

pöytä
meja

tuoli
kursi

keinutuoli
kursi goyang

nojatuoli
kursi malas

kirja

buku

peitto

selimut

koriste

dekorasi

polttopuut

kayu bakar

elokuva

filem

stereot

hi-fi

avain

kunci

sanomalehti

koran

maalaus

lukisan

juliste

poster

radio

radio

muistivihko

buku tulis

pölynimuri

penyedot debu

kaktus

kaktus

kynttilä

lilin

keittiö
dapur

jääkaappi
kulkas
mikroaaltouuni
mesin pemanggang
keittiövaaka
timbangan
leivänpaahdin
pemanggang roti
pesuaine
deterjen
leivinuuni
kompor
pakastinlokero
lemari es
roska-astia
sampah
astianpesukone
mesin pencuci piring

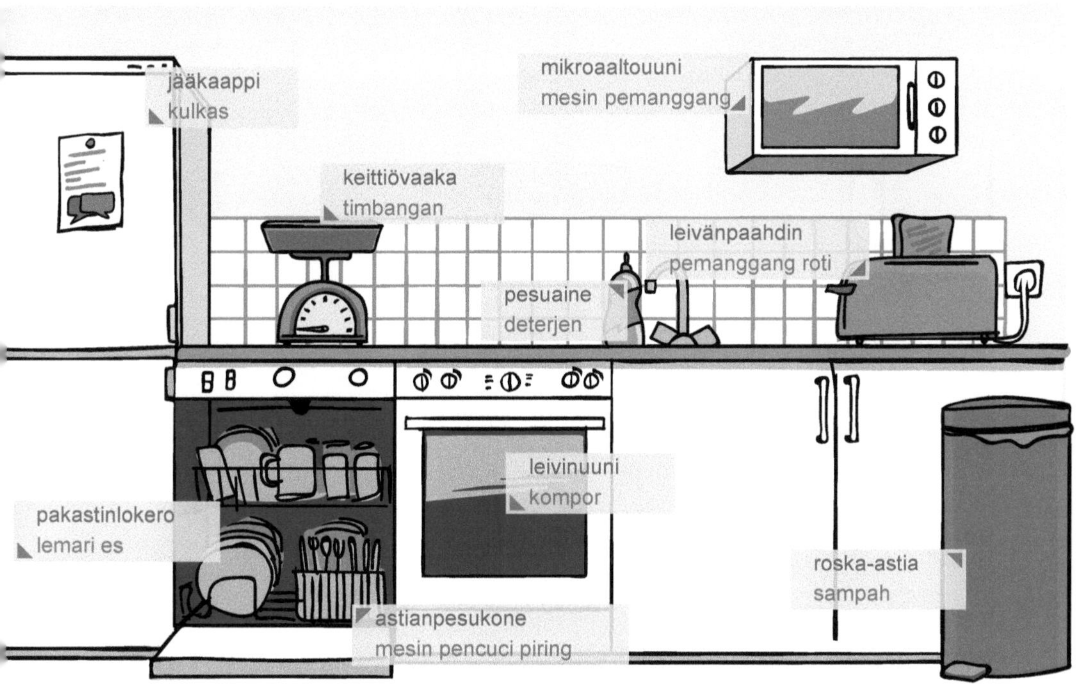

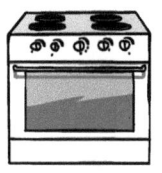

liesi
kompor

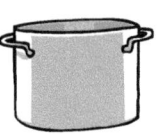

kattila
panci

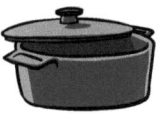

rautapata
panci besi

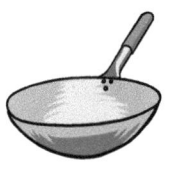

vokkipannu / kadai-pannu
wajan

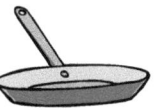

paistinpannu
panci

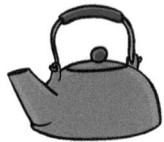

teepannu
pemanas air

höyrykeitin

panci pengukus makanan

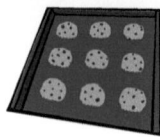

uunipelti

nampan

astiat

piring

muki

cangkir

kulho

mangkok

syömäpuikot

sumpit

kauha

sendok sup

paistinlasta

sudip

vispilä

mengocok

siivilä

saringan

siivilä

saringan

raastin

parutan

mortteli

mortir

grilli

barbeque

avotuli

api terbuka

leikkuulauta

papan memotong

kaulin

gilingan

korkinavaaja

alat pembuka botol

purkki

kaleng

purkinavaaja

pembuka kaleng

pannulappu

pegangan panci

lavuaari

wastafel

tiskiharja

sikat

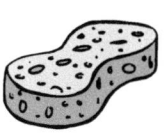

pesusieni

busa

tehosekoitin

mesin pencampur

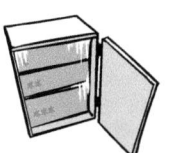

pakastin

lemari es

tuttipullo

botol bayi

vesihana

keran

kylpyhuone
kamar mandi

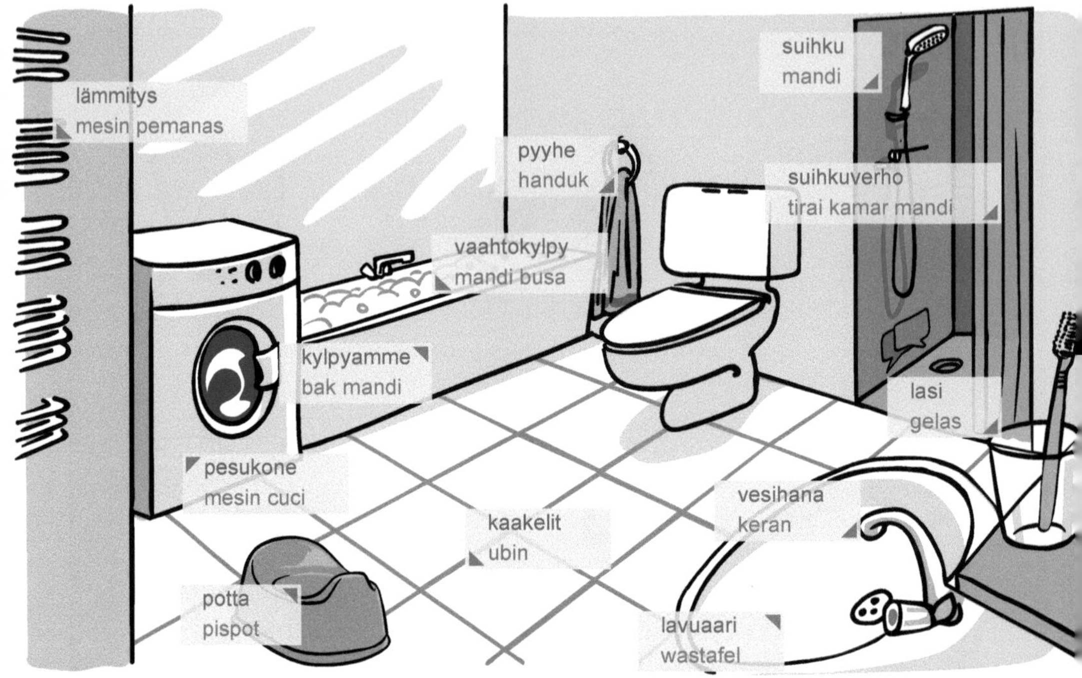
lämmitys
mesin pemanas
suihku
mandi
pyyhe
handuk
suihkuverho
tirai kamar mandi
vaahtokylpy
mandi busa
kylpyamme
bak mandi
lasi
gelas
pesukone
mesin cuci
vesihana
keran
kaakelit
ubin
potta
pispot
lavuaari
wastafel

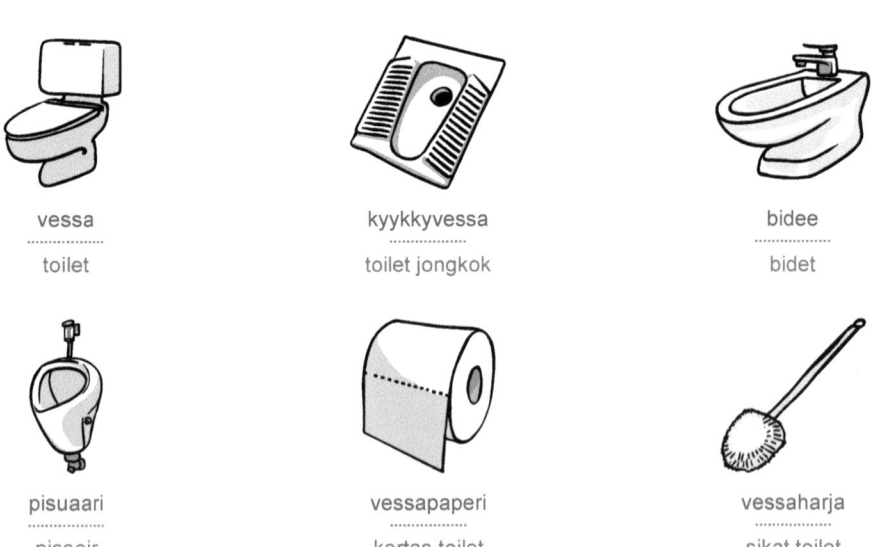

vessa

toilet

kyykkyvessa

toilet jongkok

bidee

bidet

pisuaari

pissoir

vessapaperi

kertas toilet

vessaharja

sikat toilet

hammasharja

sikat gigi

hammastahna

pasta gigi

hammaslanka

benang gigi

pestä

menyuci

käsisuihku

pancuran tangan

intiimisuihku

pancuran

pesuvati

bak

selkäharja

sikat punggung

saippua

sabun

suihkugeeli

gel mandi

shampoo

sampo

pesulappu

planel

viemäri

kuras

voide

krim

deodorantti

deodoran

peili

kaca

käsipeili

cermin tangan

partaveitsi

pisau cukur

partavaahto

busa cukur

partavesi

aftershave

kampa

sisir

harja

sikat

hiustenkuivaaja

alat pengering rambut

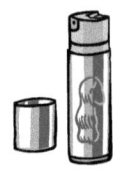

hiuslakka

semprot rambut

meikki

makeup

huulipuna

lipstik

kynsilakka

cat kuku

pumpuli

kapas

kynsisakset

gunting kuku

hajuvesi

minyak wangi

kylpyhuone - kamar mandi

kosmetiikkalaukku

kantong pencuci

jakkara

bangku

vaaka

timbangan

kylpytakki

mantel mandi

kumihansikkaat

sarung tangan karet

tamponi

tampon

terveysside

handuk pembalut

kemiallinen wc

toilet kimia

lastenhuone
kamar anak

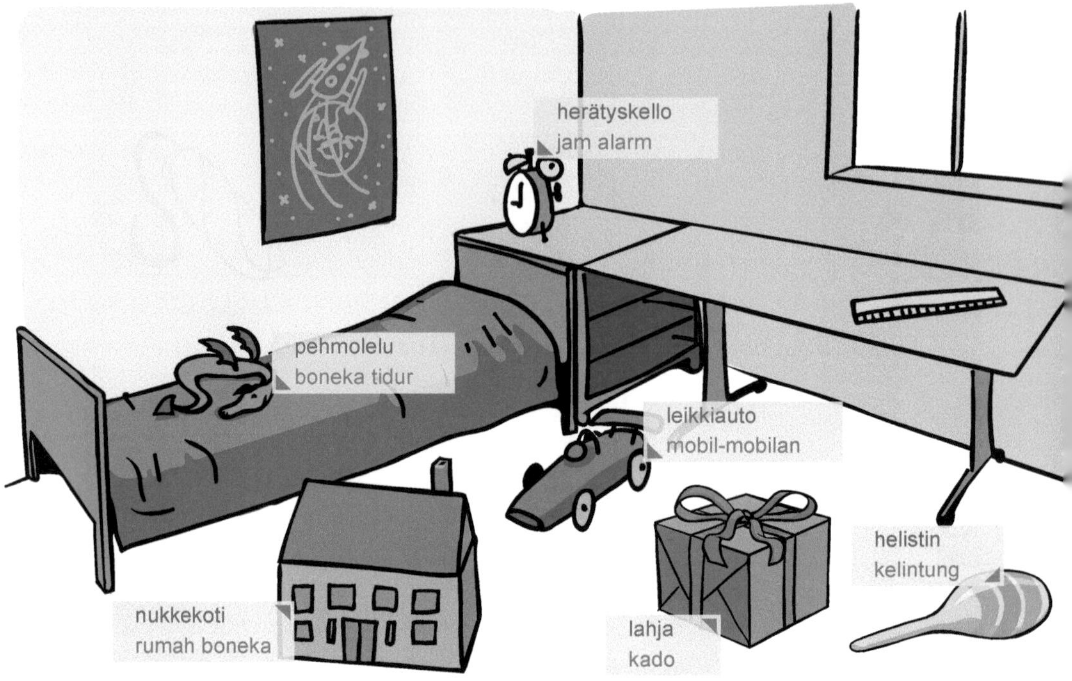
herätyskello
jam alarm
pehmolelu
boneka tidur
leikkiauto
mobil-mobilan
helistin
kelintung
nukkekoti
rumah boneka
lahja
kado

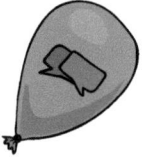

ilmapallo

balon

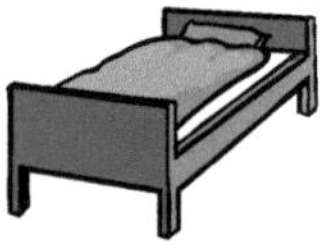

sänky

tempat tidur

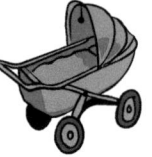

lastenvaunut

kereta bayi

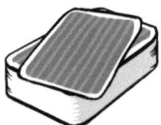

korttipeli

mainan kartu

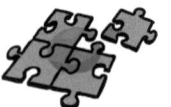

palapeli

teka-teki

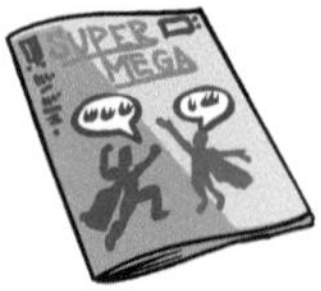

sarjakuva

komik

legopalikat

mainan lego

rakennuspalikat

blok mainan

supersankari

figur aksi

potkupuku

baju monyet

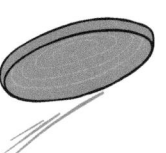

frisbee

frisbee

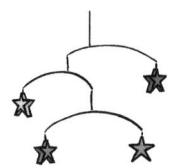

mobile

mobile

lautapeli

permainan papan

noppa

dadu

pienoisjunarata

set model kreta api

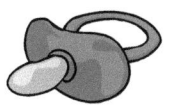

tutti

dot

juhlat

pesta

kuvakirja

buku gambar

pallo

bola

nukke

boneka

leikkiä

bermain

hiekkalaatikko

tempat main pasir

keinu

ayunan

lelut

mainan

pelikonsoli

video game konsol

kolmipyörä

sepeda roda tiga

nalle

teddy

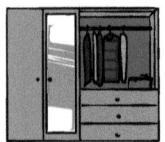

vaatekaappi

lemari pakaian

vaatteet

pakaian

sukat

kaos kaki

nylonsukat

kaos kaki

sukkahousut

baju ketat

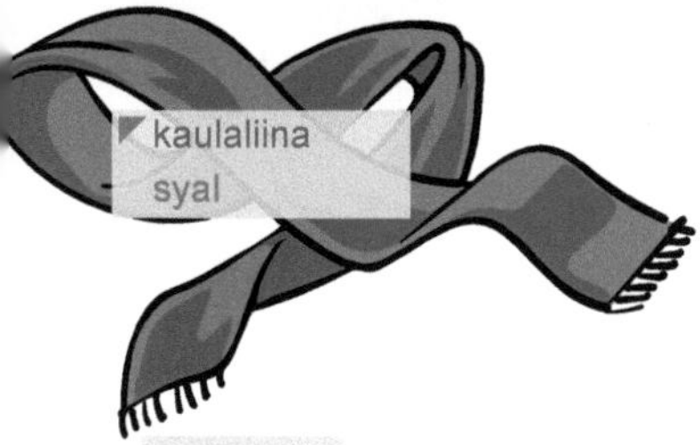

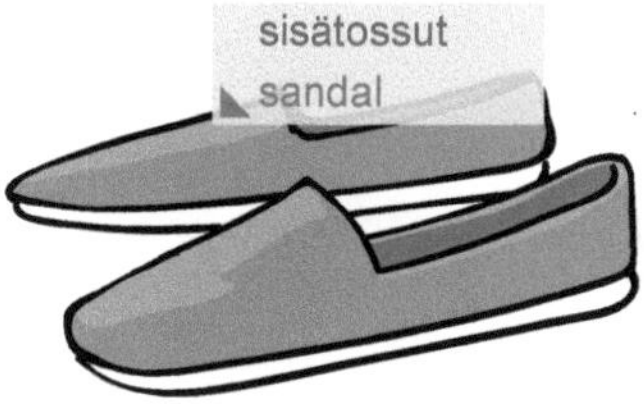

kaulaliina
syal

sateenvarjo
payung

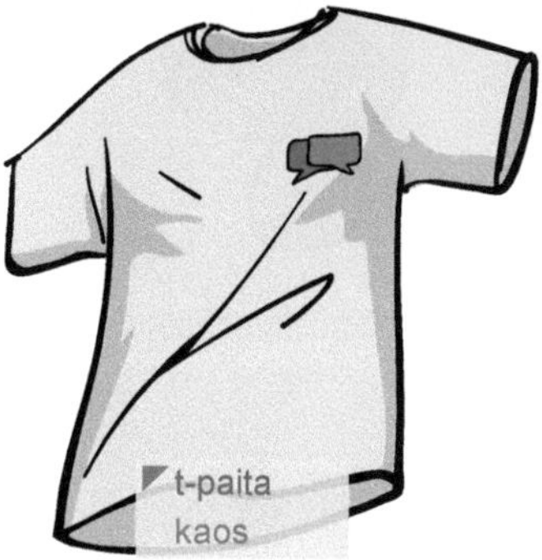

t-paita
kaos

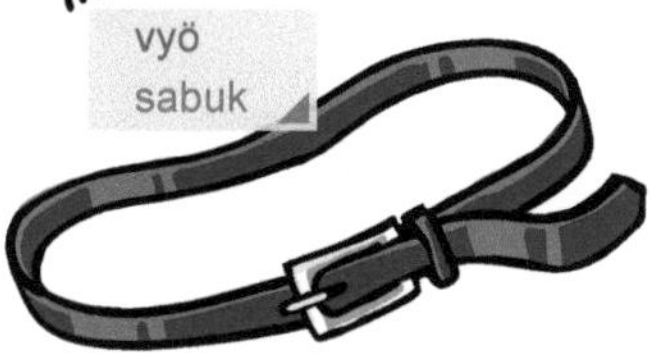

vyö
sabuk

saappaat
sepatu bot

sisätossut
sandal

lenkkarit
sepatu

sandaalit

sandal

kengät

sepatu

kumisaappaat

sepatu bot karet

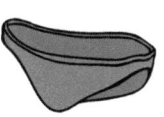

alushousut

celana dalam

rintaliivit

BH

aluspaita

baju rompi

body

body

housut

celana

farkut

jeans

hame

rok

pusero

blus

paita

kemeja

villapaita

aket berkerudung

collegepaita

sweater

jakku

jaket

takki

jaket

takki

mantel

sadetakki

jas hujan

puku

kostum

mekko

gaun

hääpuku

gaun pengantin

puku

setelan resmi

yöpaita

gaun tidur

pyjama

piyama

shari

sari

päähuivi

jilbab

turbaani

turban

burka

burka

kaftaani

kaftan

abaya

abaya

uimapuku

pakaian renang

uimahousut

celana renang

shortsit

celana pendek

verkkarit

olah raga

esiliina

celemek

käsineet

sarung tangan

nappi

kancing

silmälasit

kacamata

rannekoru

gelang

kaulakoru

kalung

sormus

cincin

korvakoru

anting

lippalakki

topi

ripustin

gantungan mantel

hattu

topi

solmio

dasi

vetoketju

ritsleting

kypärä

helm

henkselit

tali selempang

koulupuku

seragam sekolah

univormu

seragam

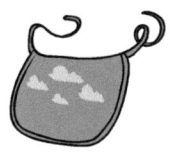

ruokalappu

oto

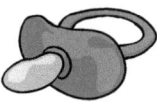

tutti

dot

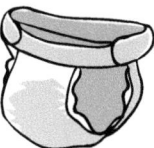

vaippa

popok

toimisto
kantor

palvelin
server
asiakirjakaappi
lemari arsip
tulostin
pencetak
paperi
kertas
näyttö
layar
kirjoituspöytä
meja kerja
hiiri
mouse komputer
kansio
tempat pengarsipan
näppäimistö
papan tombol
roskakori
tempat sampah
tietokone
computer
tuoli
kursi

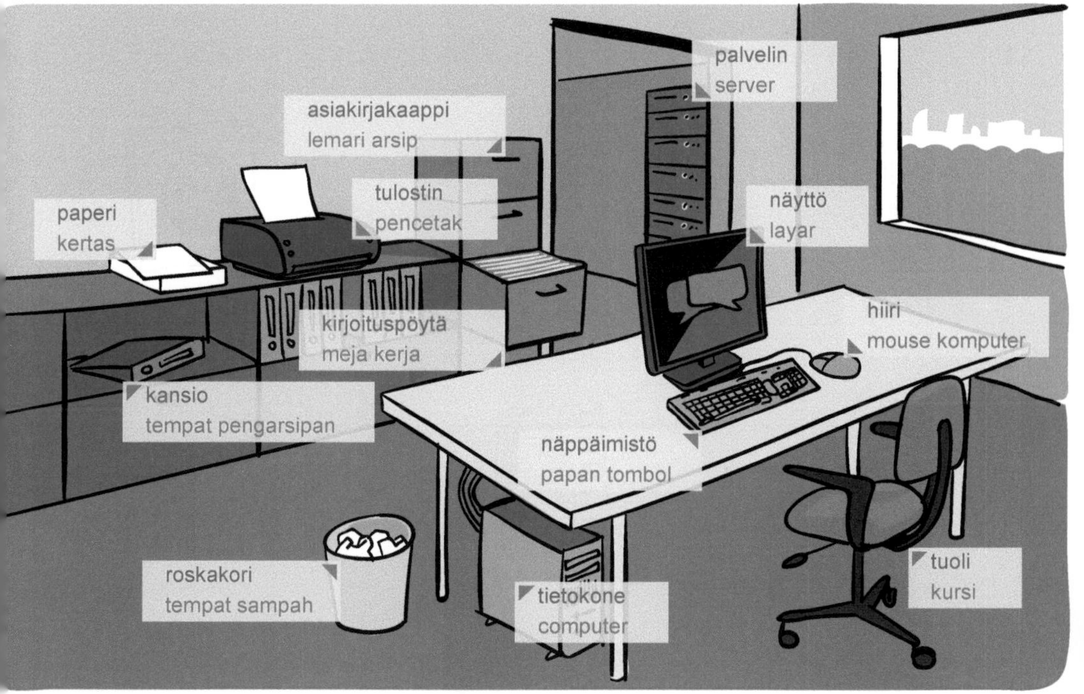

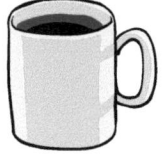

kahvimuki

cangkir kopi

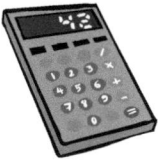

taskulaskin

kalkulator

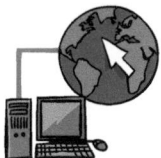

internet

internet

kannettava tietokone

laptop

kirje

surat

viesti

pesan

kännykkä

telepon seluler

verkko

jaringan

kopiokone

fotokopi

ohjelmisto

software

puhelin

telepon

pistorasia

plug soket

faksi

mesin fax

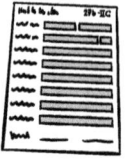

lomake

formulir

asiakirja

dokumen

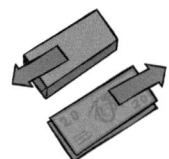

ostaa

membeli

maksaa

membayar

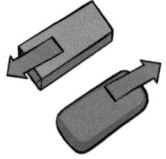

vaihtaa

berdagang

raha

uang

dollari

Dollar

euro

Euro

jeni

Yen

rupla

Rubel

frangi

Franc Swiss

renminbi juan

Renminbi Yuan

rupia

Rupiah

pankkiautomaatti

ATM

rahanvaihto

kantor pertukaran mata uang

kulta

emas

hopea

perak

öljy

minyak

energia

energi

hinta

harga

sopimus

kontrak

vero

pajak

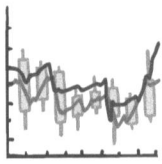

osake

saham

työskennellä

bekerja

työntekijä

karyawan

työnantaja

majikan

tehdas

pabrik

liike

toko

talous - ekonomi

poliisi
petugas polisi

palomies
pemadam kebakaran

kokki
pemasak

lääkäri
dokter

lentäjä
pilot

puutarhuri

tukan kebun

puuseppä

tukang kayu

ompelija

penjahit wanita

tuomari

hakim

kemisti

ahli kimia

näyttelijä

aktor

linja-autonkuljettaja

sopir bis

taksinkuljettaja

sopir taksi

kalastaja

nelayan

siivooja

pembantu

katontekijä

tukang atap

tarjoilija

pelayan

metsästäjä

pemburu

maalari

pelukis

leipuri

tukang roti

sähköasentaja

tukang listrik

rakentaja

pembangun

insinööri

insinyur

teurastaja

tukang daging

putkiasentaja

tukang ledeng

postinjakaja

tukang pos

sotilas

tentara

arkkitehti

arsitek

kassanhoitaja

kasir

floristi

penjual bunga

kampaaja

penata rambut

konduktööri

konduktor

mekaanikko

montir

kapteeni

kapten

hammaslääkäri

dokter gigi

tiedemies

ilmuwan

rabbi

rabbi

imaami

imam

munkki

biarawan

pappi

pendeta

työkalut
alat

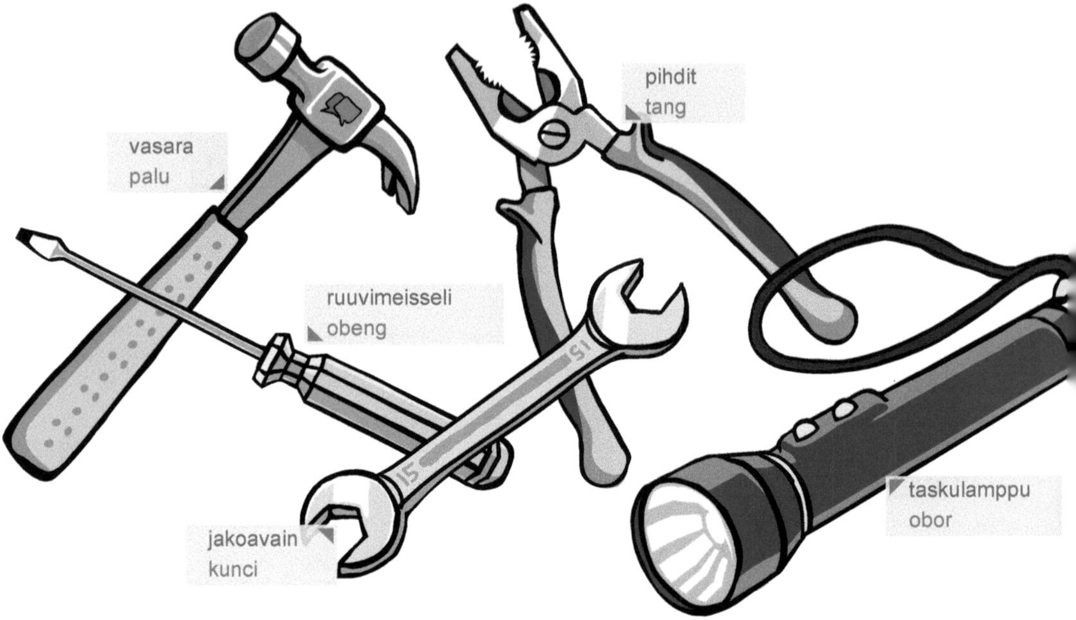
vasara
palu
pihdit
tang
ruuvimeisseli
obeng
jakoavain
kunci
taskulamppu
obor

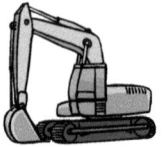

kaivinkone

penggali

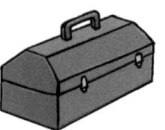

työkalupakki

tas perkakas

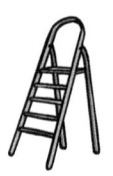

tikkaat

tangga

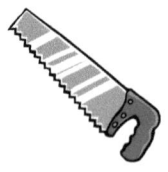

saha

gergaji

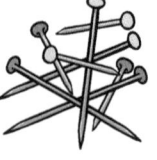

naulat

paku

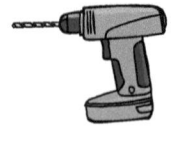

pora

bor

korjata

perbaikan

lapio

sekop

Hitto!

Sialan!

rikkalapio

cikrak

maalipurkki

pot cat

ruuvit

sekrup

soittimet
alat musik

kaiuttimet
pengeras suara

rummut
alat drum

kitara
gitar

kontrabasso
bas

trumpetti
trompet

piano

piano

viulu

violin

basso

bass

patarummut

tambur

rumpu

drum

kosketinsoitin

keyboard

saksofoni

saksofon

huilu

suling

mikrofoni

mikrofon

eläintarha
kebun binatang

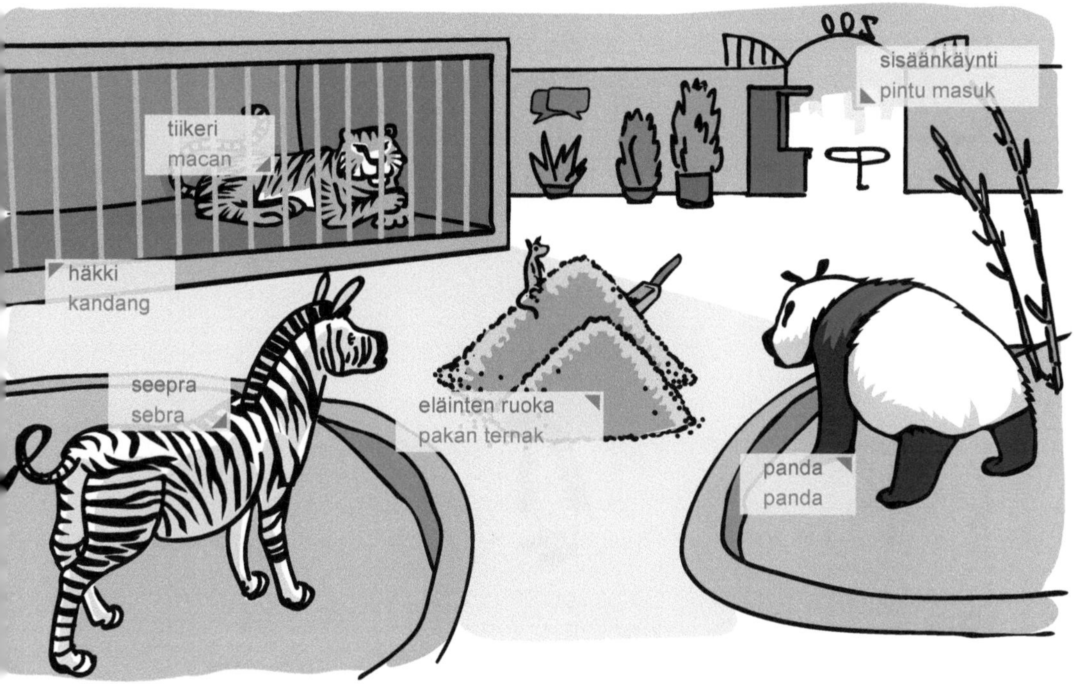
tiikeri
macan
sisäänkäynti
pintu masuk
häkki
kandang
seepra
sebra
eläinten ruoka
pakan ternak
panda
panda

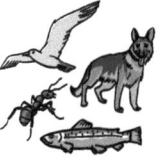

eläimet

hewan

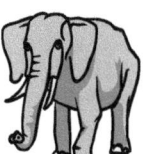

norsu

gajah

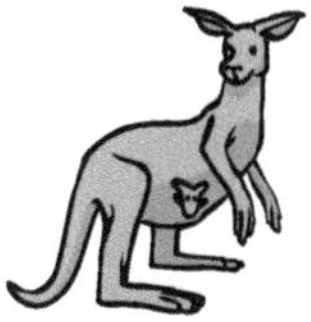

kenguru

kanguru

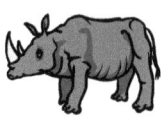

sarvikuono

badak

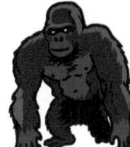

gorilla

gorila

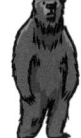

karhu

beruang

kameli

unta

strutsi

burung unta

leijona

singa

apina

monyet

flamingo

flamingo

papukaija

burung beo

jääkarhu

beruang polar

pingviini

penguin

hai

hiu

riikinkukko

merak

käärme

ular

krokotiili

buaya

eläintarhanhoitaja

penjaga kebun binatang

hylje

segel

jaguaari

jaguar

poni

kuda poni

leopardi

macan tutul

virtahepo

kuda nil

kirahvi

jerapah

kotka

burung elang

villisika

babi jantan

kala

ikan

kilpikonna

kura-kura

mursu

anjing laut

kettu

rubah

gaselli

kijang

amerikkalainen jalkapallo
american football

pyöräily
naik sepeda

tennis
tennis

koripallo
basketbal

uinti
bernang

nyrkkeily
tinju

jääkiekko
hoki es

jalkapallo

sepak bola

sulkapallo

badminton

yleisurheilu

atletik

käsipallo

bola tangan

hiihto

main ski

poolo

polo

aktiviteetit
aktivitas

hypätä
meloncat
halata
memeluk
nauraa
ketawa
kävellä
berjalan
laulaa
menyanyi
unelmoida
mengimpi
rukoilla
berdoa
suudella
mencium

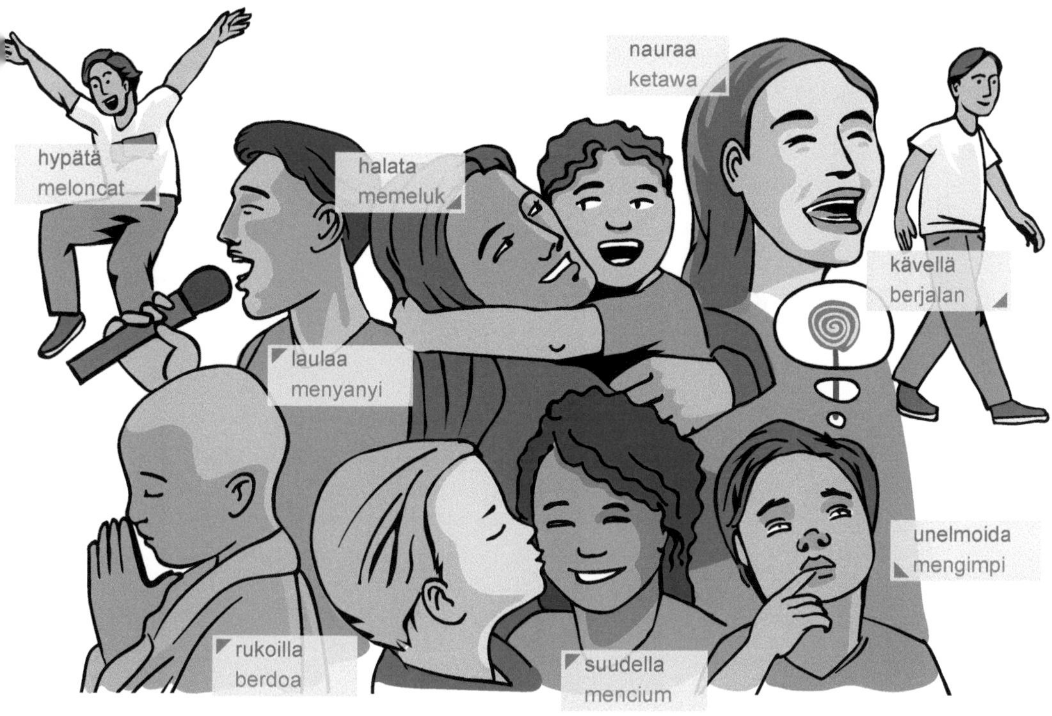

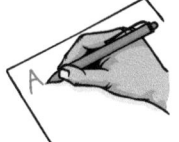

kirjoittaa

menulis

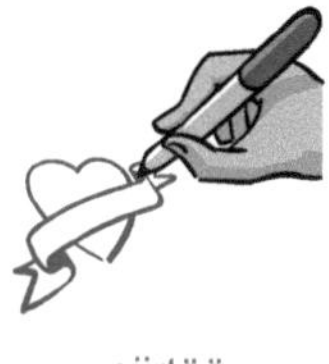

piirtää

melukis

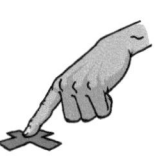

näyttää

menunjuk

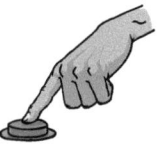

painaa

mendorong

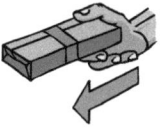

antaa

memberikan

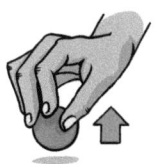

ottaa

mengambil

omistaa

mempunyai

tehdä

melakukan

olla

adalah

seisoa

berdiri

juosta

berlari

vetää

menarik

heittää

melempar

kaatua

jatuh

maata

tidur

odottaa

menunggu

kantaa

membawa

istua

duduk

pukeutua

berpakaian

nukkua

tidur

herätä

bangun

katsoa

melihat

itkeä

menangis

silittää

mengelus

kammata

menyisir

puhua

berbicara

ymmärtää

mengerti

kysyä

menanyak

kuunnella

mendengar

juoda

minum

syödä

makan

siivota

merapikan

rakastaa

cinta

keittää

memasak

ajaa

menyetir

lentää

terbang

purjehtia

berlayar

laskea

menghitung

lukea

membaca

oppia

belajar

työskennellä

bekerja

mennä naimisiin

menikah

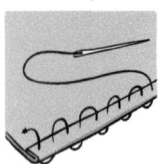

ommella

menjahit

pestä hampaat

sikat gigi

tappaa

membunuh

tupakoida

merokok

lähettää

kirim

perhe
keluarga

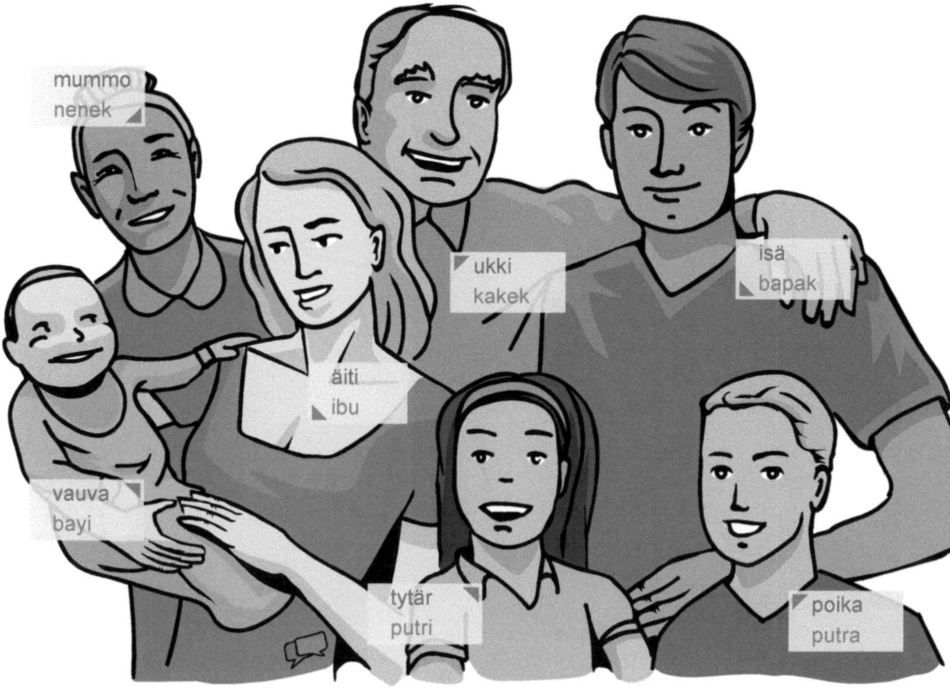
mummo
nenek
ukki
kakek
isä
bapak
äiti
ibu
vauva
bayi
tytär
putri
poika
putra

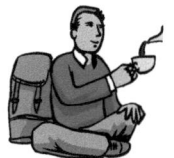

vieras
tamu

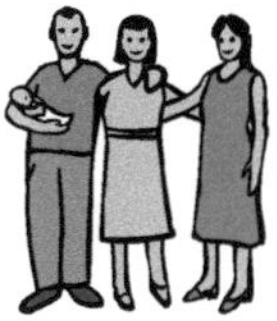

täti
bibi

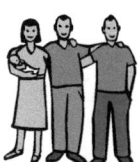

setä
paman

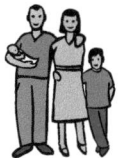

veli
kakak laki

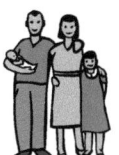

sisko
kakak perempuan

vartalo
badan

otsa
dahi
silmä
mata
kasvot
muka
leuka
dagu
rinta
payudara
sormet
jari
käsi
tangan
käsivarsi
lengan
olkapää
bahu
jalka
kaki

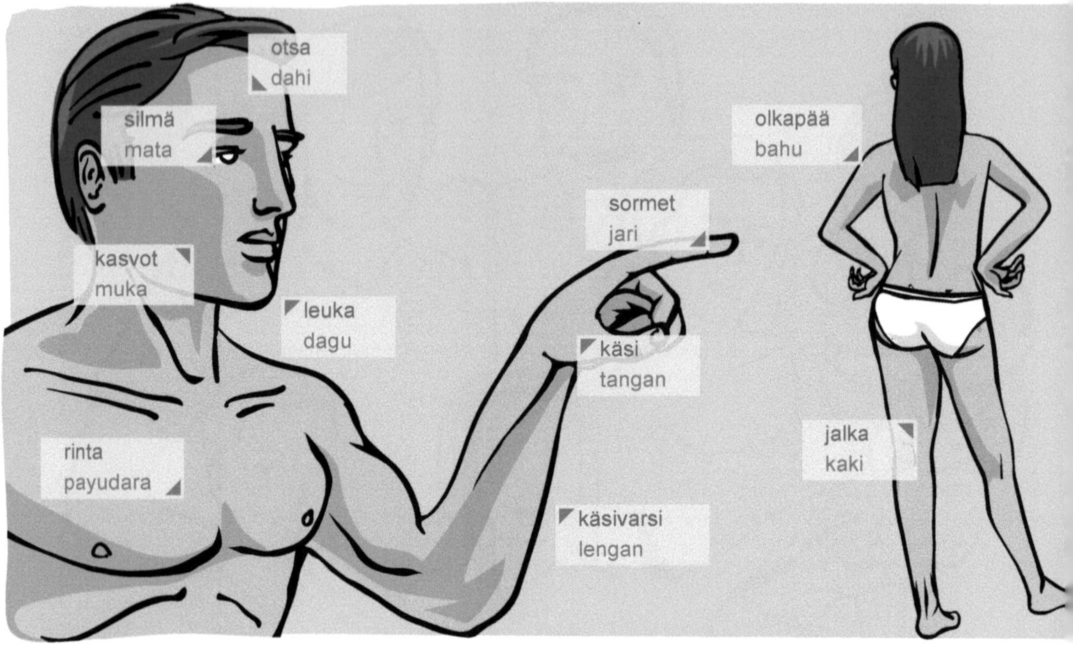

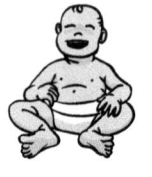

vauva

bayi

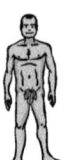

mies

pria

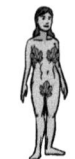

nainen

wanita

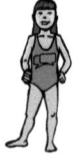

tyttö

perempuan

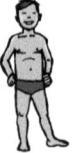

poika

laki

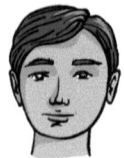

pää

kepala

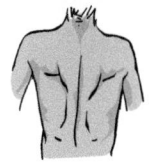

selkä

punggung

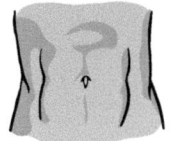

maha

perut

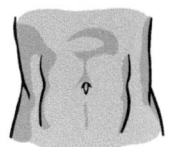

napa

pusar

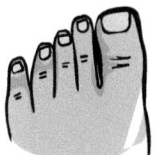

varvas

toe

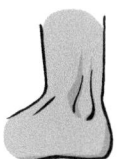

kantapää

tumit

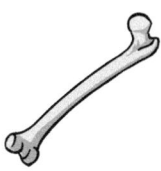

luu

tulang

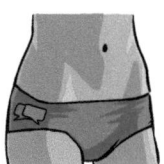

lantio

pinggang

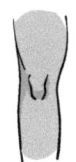

polvi

lutut

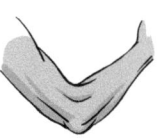

kyynärpää

siku

nenä

hidung

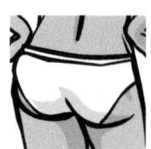

takapuoli

pantat

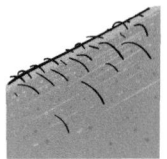

iho

kulit

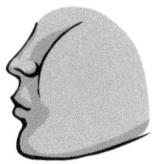

poski

pipi

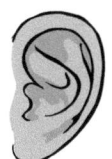

korva

telinga

huuli

bibir

suu

mulut

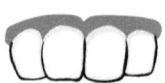

hammas

gigi

kieli

lidah

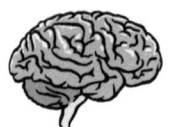

aivot

otak

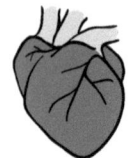

sydän

jantung

lihas

otot

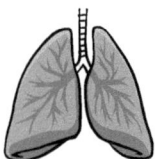

keuhkot

paru-paru

maksa

hati

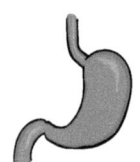

vatsa

stomach

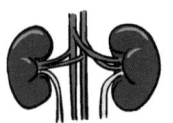

munuaiset

ginjal

seksi

hubungan seks

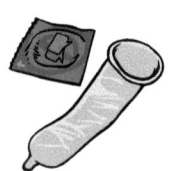

kondomi

kondom

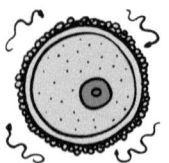

munasolu

sel telur

sperma

sperma

raskaus

kehamilan

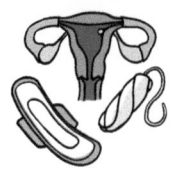

kuukautiset

menstruasi

vagina

vagina

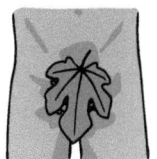

penis

penis

kulmakarvat

alis

hiukset

rambut

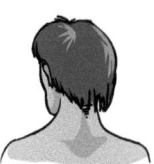

niska

leher

sairaala
rumah sakit

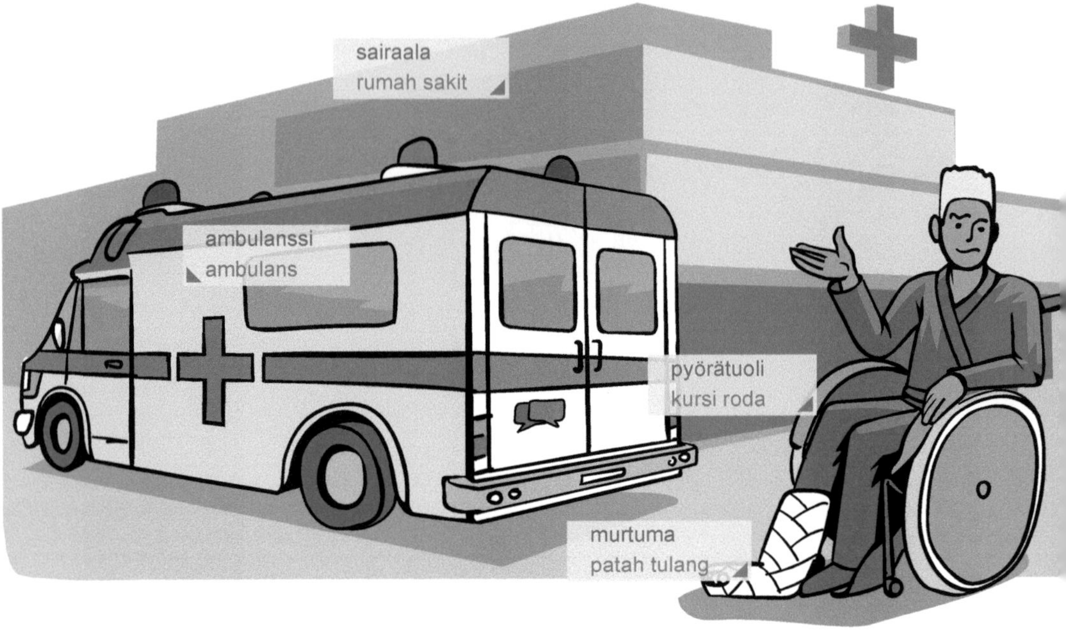

sairaala
rumah sakit
ambulanssi
ambulans
pyörätuoli
kursi roda
murtuma
patah tulang

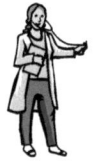

lääkäri

dokter

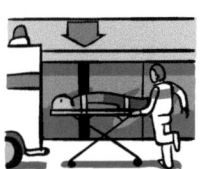

ensiapu

ruang darurat

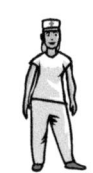

sairaanhoitaja

perawat

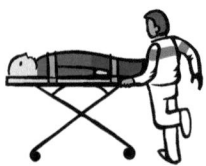

hätätilanne

darurat

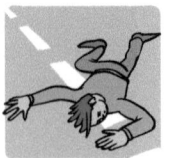

tajuton

semaput

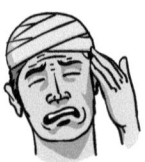

kipu

sakit

vamma

cedera

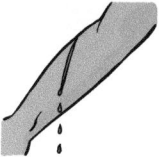

verenvuoto

perdarahan

sydänkohtaus

serangan jantung

aivoinfarkti

stroke

allergia

alergi

yskä

batuk

kuume

demam

flunssa

flu

ripuli

diare

päänsärky

sakit kepala

syöpä

kanker

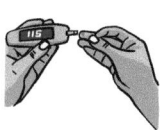

diabetes

diabetes

kirurgi

ahli bedah

veitsi

pisau bedah

leikkaus

operasi

ct
CT

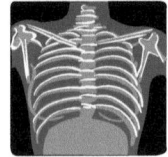

röntgen
sinar x

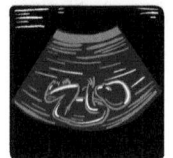

ultraääni
usg

maski
topeng

sairaus
penyakit

odotushuone
ruang tunggu

sauva
penyokong

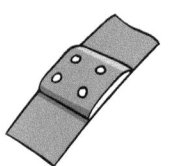

laastari
plester

side
perban

pistos
injeksi

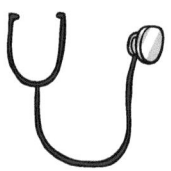

stetoskooppi
stetoskop

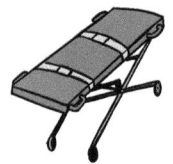

paarit
usungan

kuumemittari
termometer klinis

syntymä
kelahiran

ylipaino
kelebihan berat badan

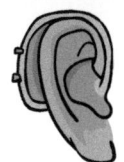

kuulolaite

alat pendengar

desinfiointiaine

desinfektan

infektio

infeksi

virus

virus

HIV / AIDS

HIV / AIDS

lääke

obat

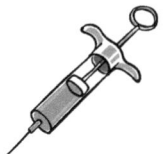

rokotus

vaksinasi

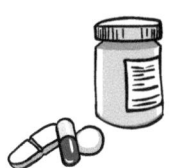

tabletit

tablet

pilleri

pil

hätäpuhelu

panggilan darurat

verenpainemittari

ukur tekanan darah

sairas / terve

sakit / sehat

Apua!

Tolong!

hälytys

alarm

ryöstö

penyerbuan

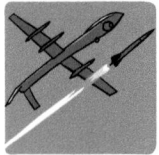

hyökkäys

serangan

vaara

bahaya

hätäuloskäynti

pintu darurat

Tulipalo!

Api!

palosammutin

alat pemadam kebakaran

onnettomuus

kecelakaan

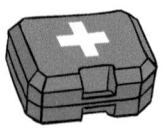

ensiapulaukku

kit pertolongan pertama

SOS

SOS

poliisilaitos

polisi

Eurooppa

Eropa

Pohjois-Amerikka

Amerika Utara

Etelä-Amerikka

Amerika Selatan

Afrikka

Afrika

Aasia

Asia

Australia

Australi

Atlantin valtameri

Atlantik

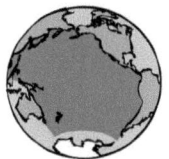

Tyynimeri

Pasifik

Intian valtameri

Samudra India

Eteläinen jäämeri

Samudra Antartika

Pohjoinen jäämeri

Samudra Arktik

pohjoisnapa

kutub utara

etelänapa

kutub selatan

Antarktis

Antarktika

maa

bumi

maa

tanah

meri

laut

saari

pulau

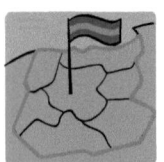

kansa

bangsa

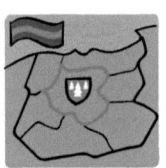

osavaltio

negara

kellotaulu

jam wajah

tuntiviisari

jarum pendek

minuuttiviisari

jarum menit

sekuntiviisari

jarum detik

Paljonko kello on?

Jam berapa?

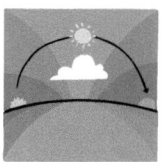

päivä

hari

aika

waktu

nyt

sekarang

digitaalikello

jam digital

minuutti

menit

tunti

jam

viikko
minggu

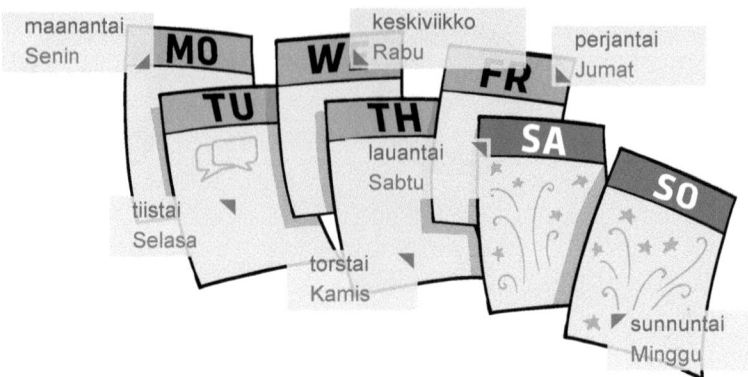

maanantai
Senin

keskiviikko
Rabu

perjantai
Jumat

tiistai
Selasa

lauantai
Sabtu

torstai
Kamis

sunnuntai
Minggu

eilen

kemaren

tänään

hari ini

huomenna

besok

aamu

pagi

keskipäivä

siang

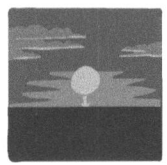

ilta

malam

MO	TU	WE	TH	FR	SA	SU
1	2	3	4	5	6	7
8	9	10	11	12	13	14
15	16	17	18	19	20	21
22	23	24	25	26	27	28
29	30	31	1	2	3	4

työpäivät

hari kerja

MO	TU	WE	TH	FR	SA	SU
1	2	3	4	5	6	7
8	9	10	11	12	13	14
15	16	17	18	19	20	21
22	23	24	25	26	27	28
29	30	31	1	2	3	4

viikonloppu

akhir minggu

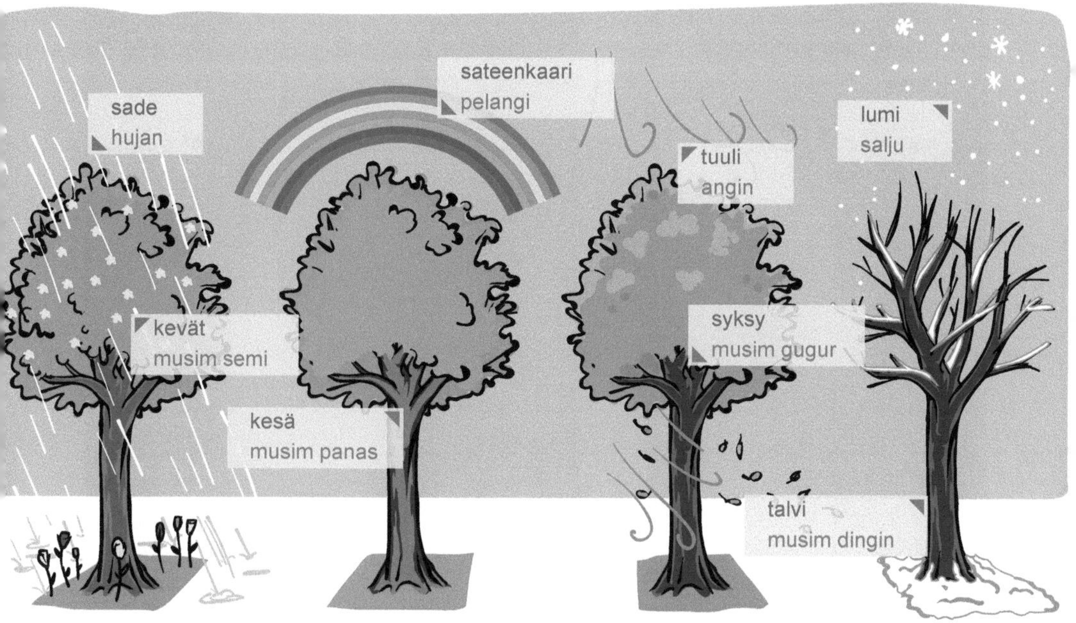

sade
hujan

sateenkaari
pelangi

lumi
salju

tuuli
angin

kevät
musim semi

syksy
musim gugur

kesä
musim panas

talvi
musim dingin

4.APRIL	11°	☀
5.APRIL	4°	🌧
6.APRIL	13°	🌧
7.APRIL	8°	☀
8.APRIL	10°	☀

sääennuste
....
ramalan cuaca

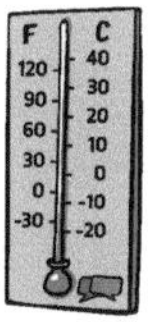

lämpömittari
....
termometer

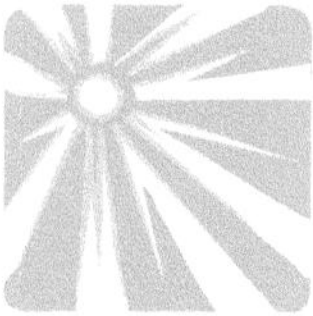

auringonpaiste
....
matahari

pilvi
....
awan

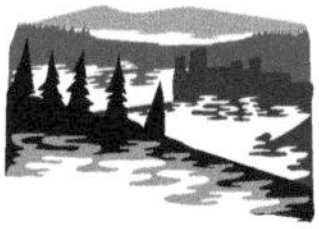

sumu
....
kabut

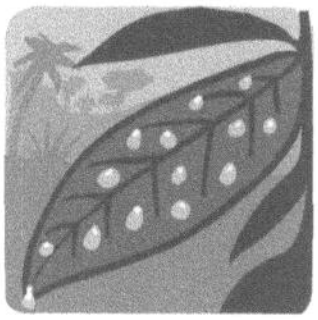

ilmankosteus
....
kelembahan

salama
....
kilat

ukkonen
....
guntur

myrsky
....
badai

rae
....
hujan es

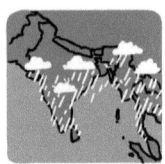

monsuuni
....
monsun

tulva
....
banjir

jää
....
es

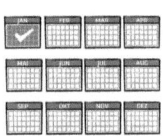

tammikuu
....
Januari

helmikuu
....
Februari

maaliskuu
....
Maret

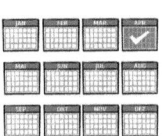

huhtikuu
....
April

toukokuu
....
Mei

kesäkuu
....
Juni

heinäkuu
....
Juli

elokuu
....
Agustus

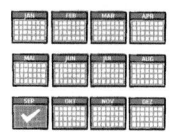

syyskuu

September

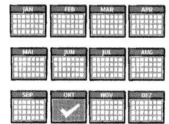

lokakuu

Oktober

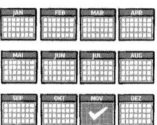

marraskuu

November

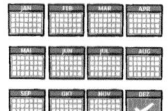

joulukuu

Desember

muodot
bentuk

ympyrä

lingkaran

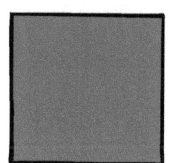

neliö

persegi

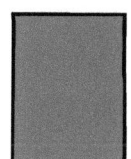

suorakulmio

persegi panjang

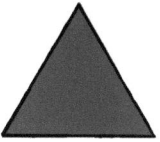

kolmio

segi tiga

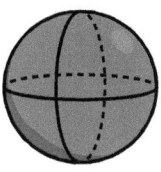

pallo

bola

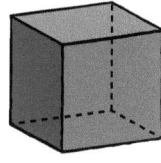

kuutio

kubus

valkoinen

putih

keltainen

kuning

oranssi

oranye

vaaleanpunainen

pink

punainen

merah

violetti

ungu

sininen

biru

vihreä

hijau

ruskea

coklat

harmaa

abu-abu

musta

hitam

paljon / vähän

banyak / sedikit

vihainen / ystävällinen

marah / tenang

kaunis / ruma

cantik / jelek

alku / loppu

mulaih / selesai

suuri / pieni

besar / kecil

vaalea / tumma

terang / gelap

veli / sisko

saudara laki-laki / saudara perempuan

puhdas / likainen

bersih / kotor

täydellinen / epätäydellinen

lengkap / tidak lengkap

päivä / yö

hari / malam

kuollut / elävä

mati / hidup

leveä / kapea

luas / sempit

syötävä / syömäkelvoton

dapat dimakan / tidak dapat dimakan

paha / kiltti

jahat / baik

innostunut / tylsistynyt

bersemangat / bosan

lihava / laiha

gemuk / kurus

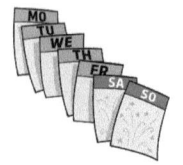

ensimmäinen / viimeinen

pertama / terakhir

ystävä / vihollinen

teman / musuh

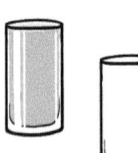

täysi / tyhjä

penuh / kosong

kova / pehmeä

keras / lembut

painava / kevyt

berat / enteng

nälkä / jano

lapar / haus

sairas / terve

sakit / sehat

laiton / laillinen

ilegal / legal

älykäs / tyhmä

cerdas / bodoh

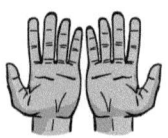

vasen / oikea

kiri / kanan

lähellä / kaukana

dekat / jauh

uusi / käytetty

baru / bekas

ei mitään / jotain

tidak ada apapun / sesuatu

vanha / nuori

tua / muda

päällä / pois päältä

nyala / mati

auki / kiinni

buka / tutup

hiljainen / äänekäs

tenang / keras

rikas / köyhä

kaya / miskin

oikein / väärin

benar / salah

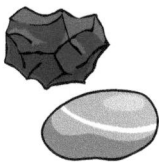

karhea / sileä

kasar / halus

surullinen / iloinen

sedih / gembira

lyhyt / pitkä

pendek / panjang

hidas / nopea

pelan-pelan / cepat

märkä / kuiva

basah / kering

lämmin / viileä

hangat / sejuk

sota / rauha

perang / damai

0

nolla

nol

1

yksi

satu

2

kaksi

dua

3

kolme

tiga

4

neljä

empat

5

viisi

lima

6

kuusi

enam

7

seitsemän

tujuh

8

kahdeksan

delapan

9

yhdeksän

sembilan

10

kymmenen

sepuluh

11

yksitoista

sebelas

12

kaksitoista

duabelas

13

kolmetoista

tigabelas

14

neljätoista

empatbelas

15

viisitoista

limabelas

16

kuusitoista

enambelas

17

seitsemäntoista

tujuhbelas

18

kahdeksantoista

delapanbelas

19

yhdeksäntoista

sembilanbelas

20

kaksikymmentä

duapuluh

100

sata

seratus

1.000

tuhat

seribu

1.000.000

miljoona

juta

englanti

Inggris

amerikanenglanti

bahasa Inggris Amerika

mandariinikiina

bahasa Cina Mandarin

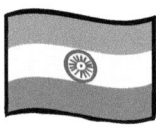

hindi

bahasa Hindi

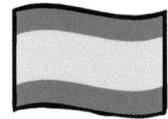

espanja

bahasa Spanyol

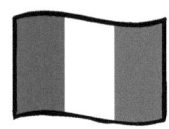

ranska

bahasa Perancis

arabia

bahasa Arab

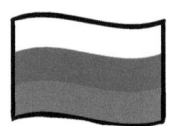

venäjä

bahasa Rusia

portugali

bahasa Portugis

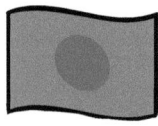

bengali

bahasa Bengal

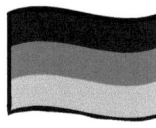

saksa

bahasa Jerman

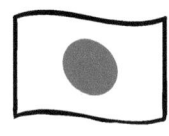

japani

bahasa Jepang

minä

saya

sinä

kamu

hän

dia

me

kita

te

kalian

he

mereka

kuka?

siapa?

mitä / mikä?

apa?

miten?

begaimana?

missä?

dimana?

milloin?

kapan?

nimi

nama

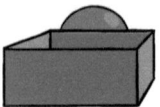

takana

dibelakang

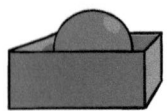

sisällä

di

edessä

didepan

yläpuolella

diatas

päällä

diatas

alapuolella

dibawah

vieressä

sebelah

välissä

di antara

paikka

tempat